宇宙神VS地球神

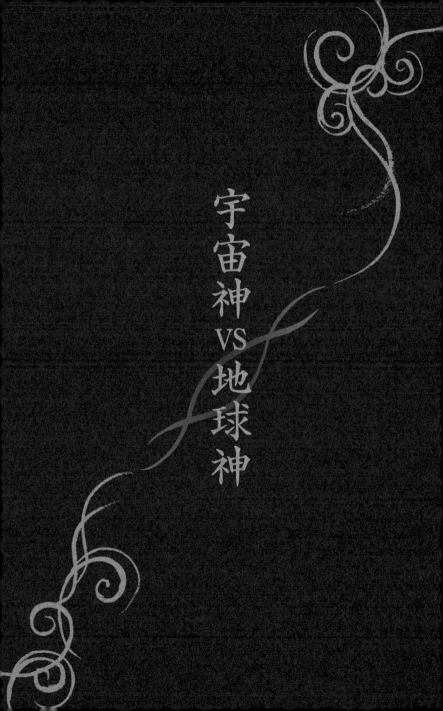

はじめに

西暦２０１８年、私が首里城（沖縄）を次男のライトと訪ねた時のことである。首里城（正殿）の手前にある休憩所に到着すると、そこで昼間から深く酔っ払っているおじさんが怒りながら必死にこう訴えていたのである。

『そんなこと、地球では通用するかもしれないが、宇宙では通用しないぞ！』

残りの言葉は何を話しているのか聞き取ることは出来なかった。そして私以外に周りの誰一人としてその酩酊《めいてい》したおじさんの言うことを真面目に聞こうとする姿勢の人間はいなかった。その時は単におかしな酔っぱらいの戯言《たわごと》だと、誰しもが思っていたのだ。

しかし今になってみれば、それは事実首里城が大規模な火災によって焼失する１年程前の出来事であった（彼は何かを警告しようとしていたのではなかったのだろうか）。

実はこの首里城は、かつての琉球王朝時にも何度も焼失しているのだが、２０１９年の現代において、まさかもう一度大規模な火災に見舞われるとはおそらく誰も予想していなかったはずである。

私はあの時、酩酊していたおじさんの話す言葉に〈何か特別な啓示が込められている〉ような神秘的な霊感を感じていた。

かつてここに存在していた琉球王朝の人々も、私たちと同じように宇宙（魂）の真理と地球（人間）の事情の狭間《はざま》の中を生きていたのではあるまいか。

そしてこれから皆様がお読みになる『宇宙神vs地球神』の物語も同じく、人間がこの世に生まれたと同時に受け持つ定めであろう種族の宿命とも言えるような、生命にまつわる喜びや幸福と同時に生まれる無知と苦しみの始まりについて描きました。

この物語に登場する神々もまた、ギリシャ神話や日本書紀に登場する古典の神々と似て、宇宙と生命が宿命的に抱える、破壊と創造の因果律《いんがりつ》から生み出された子供たちであること故《ゆえ》の意見の不一致を抱えています。

しかしこの不一致こそが、宇宙で起こる破壊と創造の繰り返しから生じたものであり、私たち人間が今をどのように生きるのかということに直結する氣づき（万物と調和する為のエネルギー）を秘めているのです。

前置きが長くなりましたが、これより暫《しば》しシリウス流の宇宙感が奏でる神話の世界へとご案内をさせて頂きます。そこで皆様と内なる宇宙との間で、神秘的な氣づきや未知との出会いが起こりますように。

登場人物（神仏）

・宇宙神　オメガ

・地球神　ガイア

・アダムとイヴ

・天使と悪魔たち

・自然神ガイと科学神メガ

・人間・動植物たち

・神々の代理人たち

・私たち

装丁　久　由起枝
校正　麦秋アートセンター

目次

はじめに　1

第1章　創造神話　9

宇宙から地球への旅　10
生まれ変わるオメガ　13
人間になったオメガ　15
神仏のルネサンス　20

第2章　現代　23

人類の数をなんとかしなくては　24
人類削減計画　28
神への介入～遺伝子管理～　32

第3章　地球神vs宇宙神　35

宇宙神vs地球神　36
世界の人口削減計画は悪ではない？　38

第4章　人間よ　47

方舟テストの落第者たちへ
〜未来20XX年！　刈り取るべし　人間という種も例外にあらず〜　48
アダムとイヴへの逆行《ぎゃっこう》　51
方舟テストの合格者たちへ
〜未来30XX年　始めからそこにあった世界〜　54

おわりに　58

第1章　創造神話

宇宙から地球への旅

あれから何億光年経っただろうか……

大宇宙に存在する根源の領域から生じる莫大《ばくだい》なエネルギー放射のインパクトによって、一つの巨石が広大な宇宙空間に放たれた！

「…お前にブラックホールはまだ早い。」

その石は地球では隕石《いんせき》と呼ばれている、さりとて何のへんてつもない鉄や岩石の塊《かたまり》なのである。

しかし、一見するとこの宇宙にありふれた岩石は、宇宙神オメガの魂を受胎《じゅたい》していたのであった。

その岩石は、遠い遠い過去のことであるが、現在の太陽系第四惑星（火星）にも似た〃とある惑星〃として現在の地球のように生命を育《はぐく》んでいたという過去を持っていたのだ。

そして、岩石は宇宙を飛び回る無限大数の兄弟たちとの衝突を繰り返しながら、いくつもの宇宙神オメガが地球神ガイアの子宮へと突入を試み衝突。そして次々と爆破しては死にゆくのだつた。

どこまでも死にゆき死にゆき、しかしいつしかその連続する死による破壊のインパクトは、ガイアの中に内在する可能性である生命の導火線へと火を灯《とも》し、その無数の死の中から遂《つい》に原初の生命が誕生してきたのだった。

「もう一度生きなさい。」

そう、私たちが人生を経験する生命の楽園『地球』は、宇宙神オメガと地球神ガイアの壮絶なぶつかり合いの中で映し出された果てしないドラマの舞台であったのだ。

限りある生命の時間を陰《かげ》で支えていたのはやはり表裏一体の似た者同士、限りある死の存在だったのだ。

それはいずれ私たちのような生命が生まれるということと、そしてそれ由《ゆえ》に死ぬということが、確実なものとして宇宙に刻印されし日のことでした。

生まれ変わるオメガ

宇宙神オメガ「……ここは何処《どこ》だ？　…どうやら創生から46億年が経過した太陽系第三惑星（地球）にいるらしい。

…そうか、俺はこの地球（ガイア）と衝突して長い間意識を失っていたのか。」

地球神ガイア「そうですオメガ、あなたは私を長い眠りから覚ましました。もしあなたがいなければ、私は今も大宇宙を飛び回る一つ一つの破片に過ぎなかった筈《はず》です。しかし、あなたの衝突により、他の星系において失われた数多《あまた》の生命が悠久《ゆうきゅう》の時を経て、今回は地球を支える存在として蘇《よみがえ》ることが出来るのです。

そう、あなたのもう一度復活しようとする引力。そしてもう一度一つの存在へと戻ろうとする無意識の本能が、私たちを再び一つの存在（惑星）へと繋ぎとめたのです。」

宇宙神オメガ　「……そうか。俺は以前存在していた星系の終わり、つまり超新《ちょうしん》星爆発《せいばくはつ》の際に死に、その後岩石となって宇宙空間を彷徨《さまよ》っていた訳だが、何故《なぜ》か今はこの地球という星の生命の一つ一つとして生まれ変わろうとしているところだというのか。」

地球神ガイア　「そうですオメガ、この星を永遠の凍結から覚ましたのはあなたなのです。ですから、私はあなたたちに生命の権利を与えました。

これからあなた方は地球の生命として多種多様な存在として繁栄していくことでしょう。」

それは地球神ガイアと宇宙神オメガとの約束の日、生命の契《ちぎ》りを交わした日のことでした。

人間になったオメガ

かつて生命だった岩は水と出会うことで、太古の記憶を呼び覚まし、水の中に自らの記憶を語り始める。

それからしばらくして、オメガとガイアはアダムとイヴという生命に姿を変えてこの地球に自分たちの子供を残しました。

地球神ガイア　「また生まれましたね。それはあなたが、以前多種多様な生命として栄えた他の星系での記憶を少しずつ思い出してきているからなのですよ…」

鉱物だった記憶、微生物であった記憶、魚であった記憶、オメガが順々に思い出す度に、この世界（地球）に様々な魂が形となり他の星系より呼び戻されていきました。

アダム（宇宙神オメガの子供）「そういえば俺は以前、もっと複雑なことや原初の世界を応用したテクノロジーを活用したりして生きていたんじゃないだろか？いや、きっとそうだ。それならもう一度創れば良いんだ。以前のように父上（宇宙神オメガ）のように様々なものを創造する能力を思い出していこう。」

そしてアダムは天を仰いで叫んだ！
「宇宙に眠る兄弟たちよ、我に智慧《ちえ》を与え給え。」

するとその時、広い銀河の中でまた一つ、長き役割を終えた恒星《こうせい》（自ら光を発する星のこと）が最後の光を放ち、死を受け入れた（超新星爆発）。
そしてその光は宇宙を飛び交う様々な放射線の波に乗り、想いを発した者の元へ向かい旅を始める。つまりアダムのいる地球目掛けて戻ってくるのだ。

イヴ（地球神ガイアの子供）「…アダムよ、それ（知能）を手に入れることはとても危険なことなのですよ。あなたの本来持っている力は宇宙の力、その力は生命にとって強大すぎるのです。

現在この星の生命たちは全ての存在たちが調和し合いながらバランスを保っています。それは『生と死のバランス』『多種多様な種族のバランス』『各々の生命が持つ智慧（能力）のバランス』などです。それをあなたは壊してしまうかもしれないのですよ。」


アダム「大丈夫だよイヴ、俺は本来の自分を思い出したいんだ。

俺はかつて宇宙の神（星）であった。だからこそ俺は智慧の実を食べる。

これは神が生命として生まれるということの宿命なのだ。誰にもその宿命を変えることは出来ないのだから。」

それは、宇宙神オメガが地球神ガイアと出会ってから六日目のこと。
智慧の実を食べる人間（アダムとイヴ）という名の子供を授かりし日のことでした。

神仏のルネサンス

人間という命がこの地球上に生み出されてから多くの月日が流れ、ようやく様々な惑星や崩壊前の地球で他の生命たちと共に暮らしていた人間たちも、神仏《しんぶつ》や天使や悪魔たちと呼ばれる肉体という物質的な型《フォーム》の無いエネルギーの存在として、この星に生まれ変わることが出来るようになってきた。

それは、複雑な知性や記憶能力を持つ人間という種族が、この惑星で意識を取り戻しつつあるからこそ可能なことであった。

このように今はもう物質として存在しないが、一時は文明を築いていた魂たちなどは、この時に積極的にこの新しい人類のサポートに参加をした。

それは、生命の循環に参加することで、自分たちが再び彼ら人間たちの進化の歯車の一部となることが、根源神から過去の失敗を許されたり、新たな転生や生命のチャンスをもらえる唯一の方法だと信じる者たちが多いからであった。

やがて、改めてこの地球に転生をした彼らは、この地球で暮らす人間たちの間で、神々や神仏と呼ばれていくようになる。

その中には、かつてのアダムとイヴのように、地球で肉体を持つ人間の存在から死後世界において神仏に成っていく者も多数いた。


そのようにして神仏と成った彼らは、光と闇の側面にこの地球上で分かれ、様々な原理原則の守護者・守護神となっていく。

ある者は以前と反対に神や天使の役割を、またある者は、今回初めて悪魔や魔王の役割としてこの星に転生をする。各々は異なる波動、異なるエネルギーを宇宙神と地球神より預かっているのだ。

根源神がどのように地球のメンバーたちの配役を決めているのかは、まだ明かされてはいない。明かされてはいないが、その異なる波動に突き動かされ、彼ら（彼女ら）は次々と新しい文明や文化をこの地球に創っていった。

今では全く別物に見える善も悪も、天使も悪魔も、全ては一つの根源から生まれた兄弟たちなのであった。

そして後に科学神メガと自然神ガイの兄弟が生まれた。

科学神はこの我々を生み出した自然を解き明かそうという人間の挑戦であり、自然神は自らの秘めたる完全性を解き明かされる為に、様々な智慧を人類へと開示していったのだ。

それは、アダムとイヴが智慧の実を食べた結果として生まれた兄弟（科学神と自然神）が、まだ肩を並べて様々な発見を日夜繰り返していた日のことでした。

第2章　現代

人類の数をなんとかしなくては

それは、地球に住まう生命たちの中で、人間たちだけが初めて二神を生み出して利用する術《すべ》を身につけたが由《ゆえ》に、とても強力な存在となり、短い年月（数千年）の中で異常繁殖してしまったある時代の出来事である。

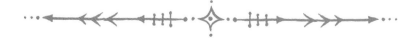

その時のことを、自然神ガイはこのように話します。

自然神ガイ「私の子供たちの中で、人間たちだけがこの星の中で生命のバランスを忘れてしまっていた。これではまるで宇宙の常識が地球においては非常識になって伝わってしまうではないか。」

その現れとして、事実人間の数が増えていくことと反比例して、他の動植物たちは急激に絶滅の道を辿《たど》っていた。

自然神ガイ「この現象の大元《おおもと》は、宇宙神オメガが智慧の実を食べる宿命を持った人間を創り出したことが原因なのですね。あまりにも力を持ちすぎた子供たちを、私はこれからどのようにしたら良いのでしょうか？

どうやら私自身、以前のように生き生きとした力が湧《わ》いてくることが少なくなってしまいました。

ですから私は宇宙神オメガの代理人である一部の人間たちに、この問題をどのように解決して、人類を改めて全体のバランスの中に戻すつもりなのかと聞いてみましょう。

そうすれば、私たちは本来の生き生きとした姿をもう一度思い出せるかもしれない。」

それは、アダムとイヴの子供たちが繁栄・繁殖すればするほどに、この地球の空氣や水から生氣《せいき》が失われつつあることを、人間以外のあらゆる生命たちが憂《うれ》いていた八日目のことでした。

やがて人類の天敵は自分たち人類の存在に成り、地球の一番の問題が自分たち人類自身にあるのだということに氣がついた人間たちが増えてくるように成りました。

人類削減計画

オメガの子孫である一部の人間たちは、現在に至るまでの地球の人類史を任されていた。いわば彼ら（彼女ら）は〈神々の代理人〉という役割を担っている特殊な人間たちとして存在しています。

そのようなオメガの生まれ変わりである人間（以下、神々の代理人）たちは、自然神ガイからのメッセージを受け取って、このまま人間の数が増えすぎていては、より多くの災《わざわ》いが起きていくことを悟り、その問題に取り組んでいくことを今後の人類の方針として決定していたのです。

彼ら（神々の代理人）たちは、人間でありながら宇宙神オメガの代わりに神々の代理人としてこの地球に住う人類を代々《だいだい》任されていました。そして代理人たちの存在を知る者は、この地球上の人間の約０・００１％以下に留めることを掟《おきて》として大切に守り抜いてきたのです。

そこで代理人たちは、近年非常に親しくなっていた科学神メガとも親密な人間たち（科学者）と幾度も会合を開いて、２０ＸＸ年、もうこれ以上の計画はないだろうという結論に至りました。

神々の代理人「私たちの使命は、自分たちで自分たちの本能を制御することの出来ない人間たちを『自然神ガイが快適に感じる人間の数、つまり地球における人類の数を現時点での約半分の46億人までにする』という指標に従って人類を導き、近く実現することにある。」

かつて数を増やすことで繁栄を続けてきた人類を推奨していた神々の代理人たちは、遂に人類を減らしていく（間引いていく）ことに方針を転換していったのだ。

これが我々人類の記憶の中にある『第三次人類削減計画《じんるいさくげんけいかく》』の始まりである。

人間たちは、この自然神ガイの荒療治《あらりょうじ》を、ノアの方舟伝説《はこぶねでんせつ》や世界各地の先住民族の伝承にある大天変地異（神々の怒り）という形で経験をしてきたそうであるが、今回は神々の代理人たちが、科学神メガの力を借りて実行に移す番が回ってきたのであった。

それは人間たちの戦いが目に見える戦いから目に見えない戦いに移り変わった日のことでした。

『第三次人類削減計画』

神々の代理人たちは、神々の暗号であるＤＮＡ（遺伝子）を操作することで、穀物や食用の動物たちを改造することから着手し、やがて人間の種（ＤＮＡ）を操作するというバイオテクノロジー（生物工学）こそ、無知で愚かな人類の増殖を食い止め管理する為の唯一の方法だという結論に達したことにより、20XX年から実行されたという計画のこと。

神への介入～遺伝子管理～

そして、世界の経済や人々の思想を手中に収めている一部の人間（神々の代理人）たちは、自分たちの構想を即座に実行するだけの力を持っていた。

先《ま》ずは野菜や動物の遺伝子を操作して、自分たちの都合の良いように生まれ変わるように、もしくは生命がこれから先、自由意思により新たに命を生み出すことが徐々に難しくなるように、遺伝子を操作をする研究を追求した。

それはかつて兵器の開発に、世界中の国々が莫大なエネルギーを注ぎ、短期間（数十年）で飛躍的な進化をもたらしたように。


そしてこの研究に関しても、最大の目的である人類の人口をコントロールして減らしたり増やしたりすることが出来るようになることの命題《めいだい》へと向かい、猛スピードで様々な人体実験をした。

そう、世界の富を動かす者たちは、人類にとって最も価値のあるものが命であることを深く理解していたのである。

そして神々の代理人たちは、その為には先ず問題を創ることから始めるということを知っていた。

例えば、第一段階として、新しいタイプの菌やウイルスを培養《ばいよう》、そして第二段階としてその解決法を提示することで、人々は恐怖の中で判断力や理性を失って、本来の目的である遺伝子操作を施した薬やワクチンの普及に飛びつき、まるで魚の追い込み漁のごとく目的を達成することが出来るということを知っているのだ。

そして、現時点では、意図的に遺伝子を操作したものが体内へと入った場合に、これからどのようなことが起こるのかを完全にわかっている者はいない。

そう、この試み自体が神々の代理人たちの新たなる生命の実験なのであった。

そして、その代理人たちの実験は、人間たちの内なる世界において、創世期より現在まで存在を続けていた宇宙神と地球神の意見の相違を生み出すことに波《は》及《きゅう》していったのだ。

それは、私たちの存在の根源である、内なる宇宙神と地球神の戦い（生命の葛藤）の始まりの日であった。

第3章　地球神vs宇宙神

宇宙神vs地球神

人類の計画を知り、地球神は怒った。

地球神「私が創り出した生命の永続性を侵害することは、断じてあってはならないのです。

この地球は様々な魂たちの経験の地、全ての魂たちがこの地上において育まれ、創造力を通して宇宙に還元《かんげん》しているというのに、そんなことをしては人類の多様性が失われてしまいます！」

その一方で宇宙神は、人類の削減計画はそう悪くはないと理解を示していた。

宇宙神「人類が自らの所業を省《かえり》みずにここまで来たのだから、俺は人類に責任をとってもらうのが一番理に敵《かな》うことだと思う。

宇宙的な視点から見た人類も、元々は現在よりもずっと単純な構造を持つ生物から枝分かれをして創られてきたもの。それならば、進化の臨界点《りんかいてん》の峠を超えた後は一つの大いなる魂へと向かって吸収合併《きゅうしゅうがっぺい》されていくことが筋《すじ》というものだろう。」

世界の人口削減計画は悪ではない？

永続性を宿している生命の種《たね》にも、いつか終わりの時はやってくる。

先ず初めは野菜などの植物の遺伝子操作から始まり、種の永続性を遮断《しゃだん》することが可能になった。

地上での生まれ変わりの権利を剥奪《はくだつ》された種《しゅ》は、生まれ変わることが出来ずにこれから先、どこへ向かえば良いのだろう。

そして度重なる動物実験を経て、遺伝子操作は増え続ける人類の種の永続性を遮断することも徐々に可能となった。つまり天然ではない組み換え遺伝子を様々な方法で外側から摂取させることで、合法的に人間の品種改良が可能になったのである。

動画配信

PICK UP

NEO みろくスクール【第二回】

みろくの世のリーダーを育成する
宇宙でたった一つのスクール！

魂エネルギーの次元を上げ、みろくの世に近づく「NEO みろくスクール」第二回目の講義が動画配信開始。今回は、NEO みろく国語、社会、算数、理科の基本４科目に加え、新授業「NEO みろく音楽」と「NEO みろく体育」を採用。感情と感覚で表現する新しい音の世界や、魂まで喜ぶ“スカラベ”体操など、笑いと感動の渦に巻き込まれること間違いなし。知能が成長するのではなく、魂が成長する授業です。みろくのリーダーを目指し、ドクタードルフィン校長と共に、みろくの世を牽引していきましょう！

出演：ドクタードルフィン 松久 正　価格：36,900円
収録時間：80分

PICK UP

『初めての《神の学問》集中講義』出版記念セミナー

後藤隆の後継者育成のための超集中特別講義

後藤隆先生の著書『初めての《神の学問》集中講義』の発刊を記念して、2014年10月から2015年11月まで開催された特別講義。聖徳太子が編纂した古文献『先代旧事本紀大成経（さきつみよのふるきみわざのもとつふみ）』の唯一の正統後継者である後藤先生は、「後継者の育成を開始したい」え、「日本文化中枢の秘伝」を惜しみなく授ける講義を動画に収めまし
これまで様々な専門研究家たちが後藤先生へ入門を願い出るも、時至ら
前払いになってきましたが、ついに秘伝の扉が開く時が来たのです！

：後藤 隆　価格：［１～12巻］各12,000円、［全12巻セット］110,000円
時間：各225分～299分

動画配信

白鳥哲監督の単独講演会「自愛は最速の地球蘇生」

出演：白鳥 哲

価格：3,000円　収録時間：107分

開発者直伝！ CMC 波動共振センサー講座

出演：元島栖二

価格：22,000円　収録時間：117分
※「CMC 波動共振センサー」は料金に含まれません。

NEO みろくスクール【第一回】

出演：ドクタードルフィン 松久 正

価格：18,900円　収録時間：78分

「地球は平らだ！」～フラットアース（地球平面説）入門～

出演：Rex Smith、中村浩三、Mauricio

価格：1,000円　収録時間：138分

「宇宙人、応答せよ！ 航空宇宙自衛隊」竹本良氏による、宇宙人研究大総括祭り !!

出演：竹本 良

価格：2,000円　収録時間：135分

坂の上零のルシファーシリーズ2020 ルシファー（悪魔）から情報を得て世界をグレンとミロクの世にひっくり返す！【全５回】

出演：坂の上 零、斉藤新緑（第３回）、ミラクルパー（第４回）、ドクターX（第４回）、高野誠鮮（第５回）、池田整治（第５回）

価格：［第１回～５回］各2,000円、［全５回セット］9,000円
収録時間：［第１回］214分、［第２回］189分、［第３回］200分、［第４回］153分、［第５回］268分

セミナー

ZOOM配信有 ライトワーカーとして覚醒し、
体・マインド・現実生活も次元上昇する！
「宇宙連合＆ラー一族 最新アセンションヒーリング講座」全８回

講師：ラリア

日時：【第６回】2021年10月23日（土） 開演 13：00 終了 17：30
【第７回】2021年11月21日（日） 開演 13：00 終了 17：30
【第８回】2021年12月18日（土） 開演 13：00 終了 17：30
料金：［会場参加］各25,000円（御守クリスタル付）、［ZOOM参加］各23,000円
※５回目以降の参加は、１～４回目のセミナーをすべて受講している方に限ります。
途中から５回目以降の参加をご希望の方は、復習用動画で１～４回目のセミナーを受講してください（復習用動画による受講はZOOM参加と同じ料金となります）。
※いずれもプラス1,500円で復習用動画が付きます。
※御守クリスタルは初回の会場参加時に１つ進呈します。

ペルー・インカ伝統のたま祓い
Limpia con Huevo（リンピアコンウエボ）個人セッション

講師：木村ジュリアナ

日時：2021年10月24日（日） 11：00～18：00の間で６枠（セッションはお一人50分）
料金：各13,000円
※会場はイッテル珈琲（東京都新宿区神楽坂3-6-22 The Room 4階）となります。

3rdシーズン アセンション☆強力ワーク
宇宙連合・龍神・ラー一族
「音魂・龍のヒーリング＆チャネリング個人セッション」

講師：ラリア

日時：2021年10月26日（火）／10月28日（木）／10月30日（土）／11月23日（火・祝）／11月25日（木）／11月27日（土）／12月21日（火）／12月23日（木）
時間：13：00～14：00／14：45～15：45／16：30～17：30の３枠
料金：各28,000円
※会場は神楽坂ヒカルランドみらくる（東京都新宿区矢来町111 受付３F）となります。

セミナー

ZOOM配信有 ドクタードルフィン校長（88次元 Fa-A）の
NEOみろくスクール

講師：ドクタードルフィン 松久 正

日時：【第３回】2021年10月30日（土） 開演 11：00 終了 12：00
料金：［会場参加］96,300円、［ZOOM参加］36,900円
※会場は都内某所となります。ご入金確認後、開催３日前までにご案内します。

ZOOM配信有 Dr.Shuの５次元宇宙スーパーサイエンス

講師：五島秀一（Dr.Shu）

日時：【第３回】2021年10月30日（土） 開演 13：30 終了 16：30
料金：15,000円

ヒカルランド 神社☆気巡り超パワースポットツアー

講師：豊田温資

参拝予定地：北口本宮冨士浅間神社、富士山本宮浅間大社
日時：2021年10月30日（土） 08：00 東京駅周辺集合／19：00 東京駅周辺解散
料金：86,311円

ZOOM配信有 宇宙存在を自分の体に迎え入れ
ポータルチャネリングと宇宙語を身につける
ぶっ飛び地球人養成ワークショップ（全３回）

講師：雪下魁里＆シャー

日時：2021年10月31日（日）／11月28日（日）／12月26日（日）
時間：各回 開演 13：00 終了 16：00
料金：各25,000円（全３回一括申し込みは60,000円）

松果体を開き、覚醒に導く
シリウス光次元情報による松果体覚醒ワーク

講師：龍依～Roy

日時：【第３回】2021年11月６日（土） 開演 13：00 終了 16：00
料金：22,000円

動画配信

ヒカルランドの人気セミナーが動画でも続々と配信中！　スマホやパソコンで、お好きな時にゆっくりと動画を観ることができます。これまで参加できなかったセミナーも、この機会にぜひご視聴ください。

動画の視聴方法　特別なアプリのダウンロードや登録は不要！
ご購入後パスワードが届いたらすぐに視聴できます

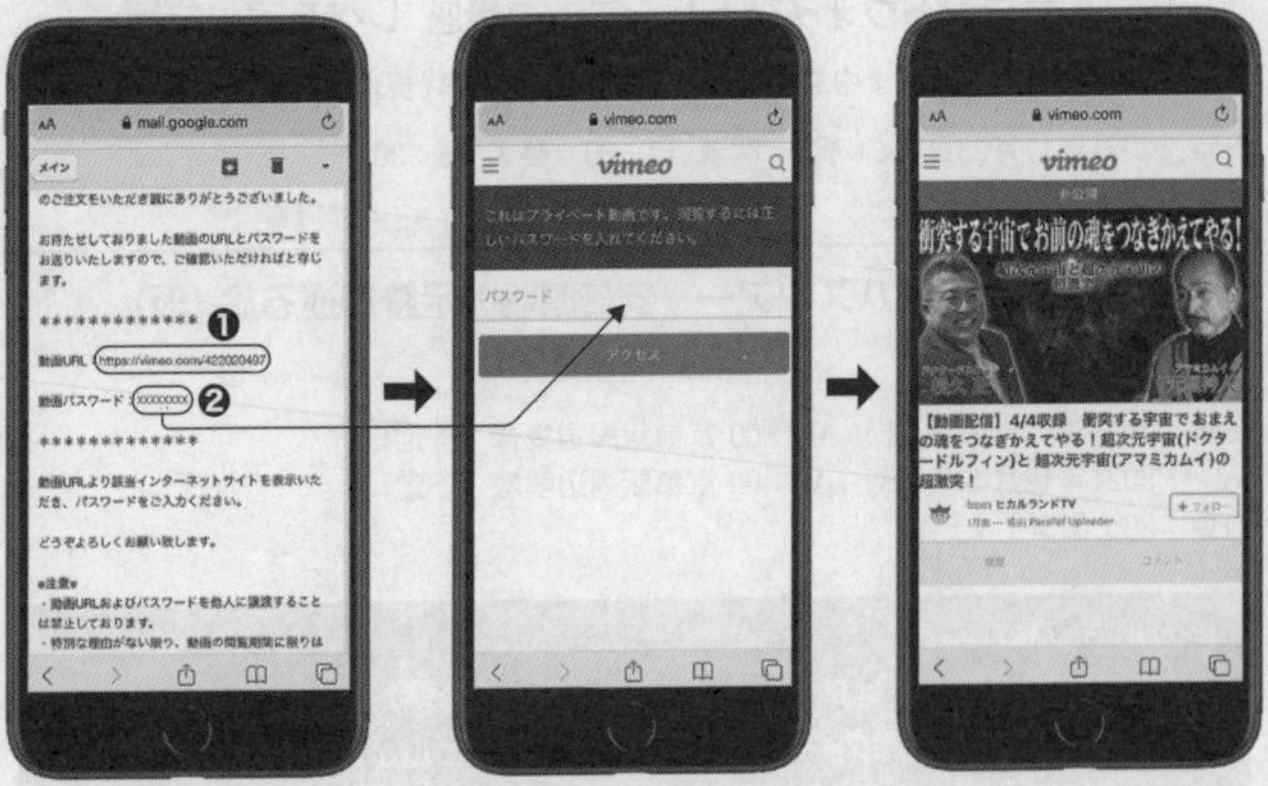

❶ヒカルランドパークから送られてきたメールのURLをタップ（クリック）します。

❷vimeo（ヴィメオ）のサイトに移行したらパスワードを入力して「アクセス（送信）」をタップ（クリック）します。

❸すぐに動画を視聴できます。

動画配信の詳細はヒカルランドパーク「動画配信専用ページ」まで！
URL：http://hikarulandpark.jp/shopbrand/ct363

【動画配信についてのお問い合わせ】
メール：info@hikarulandpark.jp　電話：03-5225-2671

セミナー

風水氣学勉強会 中級

講師：豊田温資

日時：【第３回】2021年11月21日（日） 開演 14：00 終了 16：30
【第４回】2021年12月19日（日） 開演 14：00 終了 16：30
料金：各36,813円
※会場は都内某所となります。ご参加者には３日前までに直接メールでご案内します。
※2022年の日程につきましてはヒカルランドパークホームページにてご確認ください。

フルサウンドヴォイストレーニング講座 レベルアップ編

講師：中島由美子（日本声診断協会代表理事）

日時：2021年11月23日（火・祝） 開演 13：00 終了 16：30
料金：10,000円

豊田先生京都バスツアー 安倍晴明の足跡を巡る旅（仮）

講師：豊田温資

日時：2021年12月４日（土） 08：00 京都駅周辺集合（予定）
2021年12月５日（日） 18：00 京都駅周辺解散（予定）
料金：236,813円（予価）

ヒカルランドパーク
JR 飯田橋駅東口または地下鉄 B1出口（徒歩10分弱）
住所：東京都新宿区津久戸町3－11 飯田橋 TH1ビル 7F
電話：03－5225－2671（平日10時－17時）
メール：info@hikarulandpark.jp URL：http://hikarulandpark.jp/
＊会場は記載のあるものを除き、すべてヒカルランドパークとなります。
＊ZOOM 配信によるオンライン参加については、ヒカルランドパークホームページにてご確認ください。
＊ご入金後のキャンセルにつきましては、ご返金はいたしかねますので、予めご了承ください。

新型コロナウイルスによる情勢、その他事情により、各セミナーは延期や中止、または動画配信・オンライン参加のみに変更になる場合があります。予めご了承ください。最新の情報はヒカルランドパークホームページにてご確認いただくか、お電話にてお問い合わせください。

セミナー

PICK UP

『魂のエネルギーワーカー養成道場
in ヒカルランドパーク』

内なる神さまを表に出す！
シリウス慶氣のヒーリングアカデミー
5日間集中講座

講師：シリウス慶氣

2021年7月に刊行された書籍『実践！ SIRIUS（シリウス）ヒーリング』も大好評の、今スピリチュアル界を席巻しつつある話題のヒーラー・シリウス慶氣さんが、皆さんの内なる神さまを呼び覚ますためのアカデミー集中講座（全5日間）を特別開講！　参加者一人ひとりが高次元ヒーリングとエネルギーワークをマスターし、リアルヒーラーとして踏み出せるよう、シリウス慶氣さんがシリウスヒーリングの極意を伝授してくれます。

日時：【Day 1】2021年11月13日（土）／【Day 2】12月12日（日）／
【Day 3】2022年1月30日（日）／【Day 4】2月27日（日）／
【Day 5】3月27日（日）
時間：各回　開演 13：00　終了 16：30
料金：125,000円（全5回一括申し込み。※単発参加は各28,000円）
※ Day 4 および Day 5 は単発参加不可。Day 4 および Day 5 の参加資格は Day 1 ～ Day 3 のうち2日以上受講することが条件です。
※タオルまたは手拭い（ヒーリング時に使用）、筆記用具、書籍『実践！ SIRIUS ヒーリング』をお持ちください。

動画配信

「不安」はお金の知識で解決できる！
坂の上零のファイナンス・アカデミー開講！

出演：坂の上 零

価格：［第１回～３回］各3,000円、［全３回セット］8,000円
収録時間：［第１回 新しい金融システム・マネーの本質］227分、
［第２回 オフショア金融センターの秘密］255分、［第３回 総集編］205分

ヒカルランド◆特別カレンダーセミナー2021◆

出演：秋山広宣

価格：9,000円　収録時間：228分　※視聴期限：2021年12月21日まで

感染者数に惑わされるな！
～PCR 検査のウソとからくり～

出演：井上正康、坂の上 零

価格：1,000円　収録時間：187分

飛鳥昭雄が「新型コロナウィルス」の
超ヤバイ世界秘密戦略の裏側を徹底暴露する！

出演：飛鳥昭雄

価格：10,000円　収録時間：187分

横河サラ・ディスクロージャーZOOM セミナー vol.3
夜明けの合図・ＪＦＫジュニア、トランプサラ、世界最新情報

出演：横河サラ

価格：5,000円　収録時間：141分

横河サラ・ディスクロージャーZOOM セミナー
人類が迎える未知なる社会経済 ネサラ・ゲサラ・QFS
について１本筋の通った解説をします

出演：横河サラ

価格：5,000円　収録時間：147分

多くの品種改良を施された動物たちは、最早生きる為にこの地上に生み出されている訳ではない。元来の地球の生態系のように、持ちつ持たれつの関係性の中で生きて死ぬことは許されず、只《ただ》ひたすら人間に都合の良いように改造され、食われる為だけに生まれては死ぬことを繰り返すようになっていった。

そのような背景が色濃くなっていたことから、現在（２０２１年）この地球上に生きる人間以外のほとんどの生き物は、人間だけの繁栄による被害を被《こうむ》っている怒りと、本来の豊かに与えられた命を生きることの出来ない虚無《きょむ》の中で、この人類削減計画に賛同をしているのだった。

そのことを踏まえた上で地球神は、歴史上度々行われてきた人類削減計画に本意ではないが同意せざるを得ない代わりに、『ノアの方舟計画《はこぶねけいかく》』という名の、生物多様性の保存計画による救済を今までに何度も行ってきたのであった。

宇宙神「人間の欲望や生命力はとても強い。今日に至っては強すぎて自らでは制御することが出来ない為に、やむなく宇宙の神の見えざる手が動くのだ。
この世に私たちの子供を生み出した時から既《すで》に、方舟計画は宿命づけられているのだから。」

地球神「たしかに人類の犯した罪は人類が自らの手で刈り取らなくてはいけない…。

それならば私は、これから精神的にも肉体的にも間引《まび》かれる人類の種を可能な限り護《まも》ることに尽力《じんりょく》します。

今回の削減計画で誕生する未来なき遺伝子組み換え人間たちとは別の、未来永劫《えいごう》生命を繋いでいくことの出来る、私の与えた天然のＤＮＡを宿す人類を保存しなくてはいけません。そうです。それはかつてのノアたちのように。」

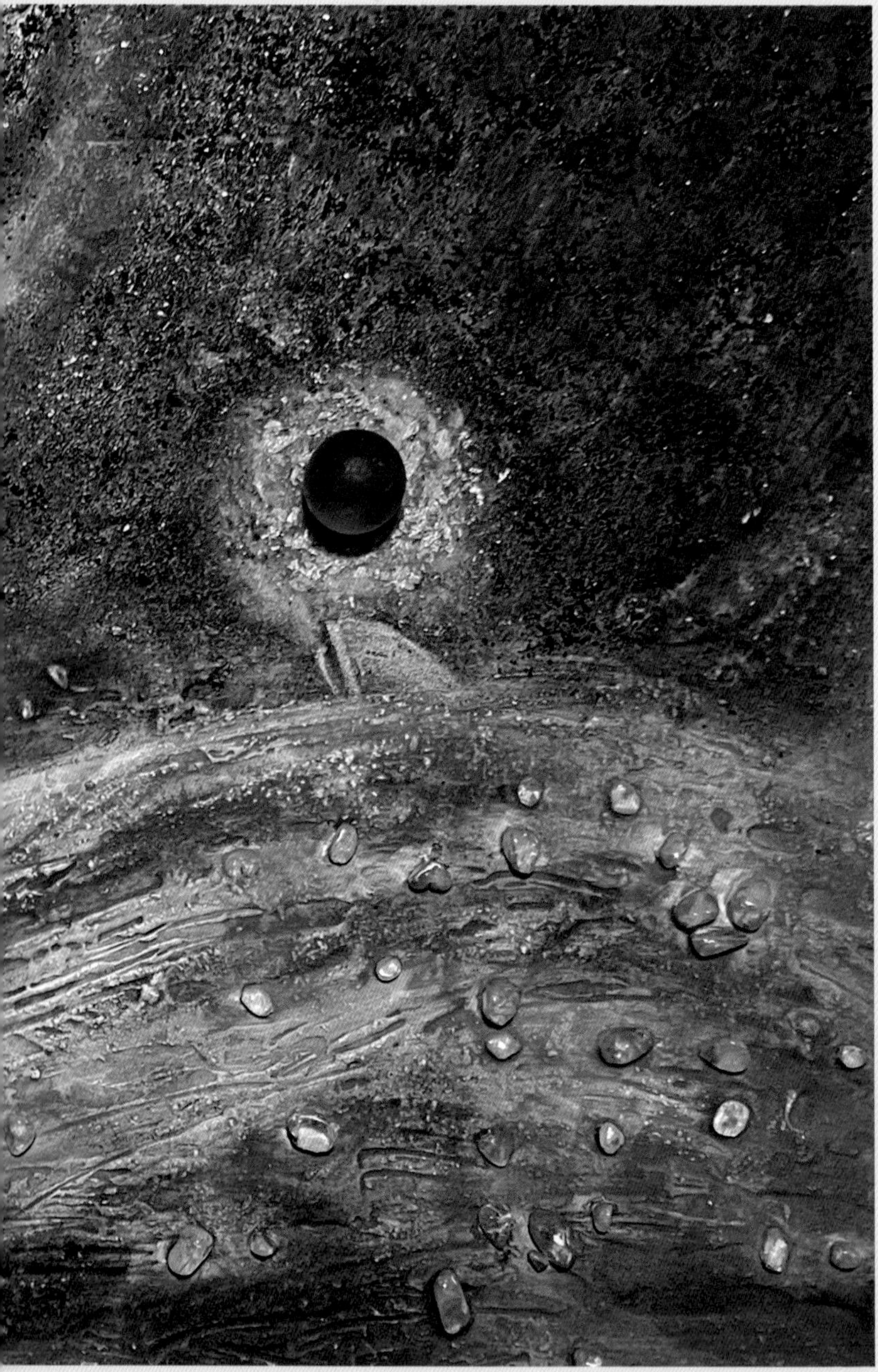

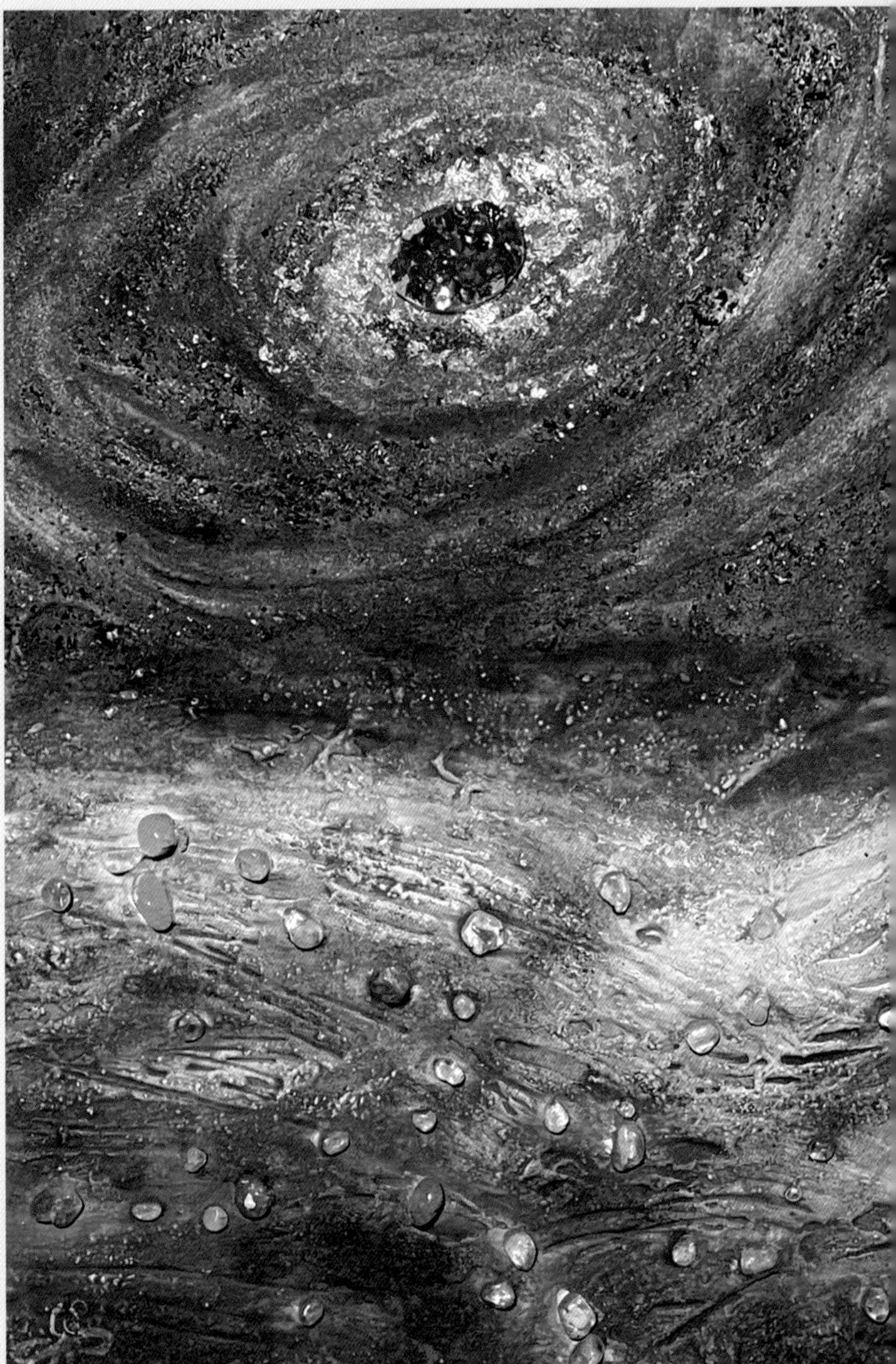

ノアたちはかつて、地球神ガイアの立案する救済策『方舟計画』の際の生き残りの人類だった。

このことにより、宇宙神オメガによる削減計画と、地球神ガイアによる生物多様性の保存計画（方舟計画）が同時進行で動き出すことに成った。

地球神ガイアは語る。

「宇宙神よ、近頃私は、部族を形成することで漸《ようや》く力のある大きな獣《けもの》に打ち勝つことを覚えたばかりの人間たちを見ていた大昔の時のことを思い出しては、とても懐かしく感じています。」

宇宙神オメガは答える。

「ガイアよ、お主は恐竜の淘汰《とうた》の際も私に反対をしたな。しかし、かつての恐竜たちが滅亡したことによって、現在の人類を含めた哺乳類たちが繁栄することが可能になったように、今の人類の限界点が生命全体の限界点ではないのだ。

私も全てを無《む》にしようなどとは考えてはいない。

残存する多種多様な生命たちを守り、そして次の世界の種《しゅ》にバトンを繋ぎ、また新たにこの地球の永続性の中に命として生まれたいのだ。

さあ、もう一度アダムとイヴを私の元へ連れてくるのだ！」

生まれる、生きる、繋がる

地上に栄える私たちの魂は、
この宇宙のどこかで
大きな命の樹を育てている。

宇宙にそびえ立つという生命の大樹は
この地上で生まれ、生きた記憶を
新たに生まれる世界へと繋いでいるという。

第4章　人間よ

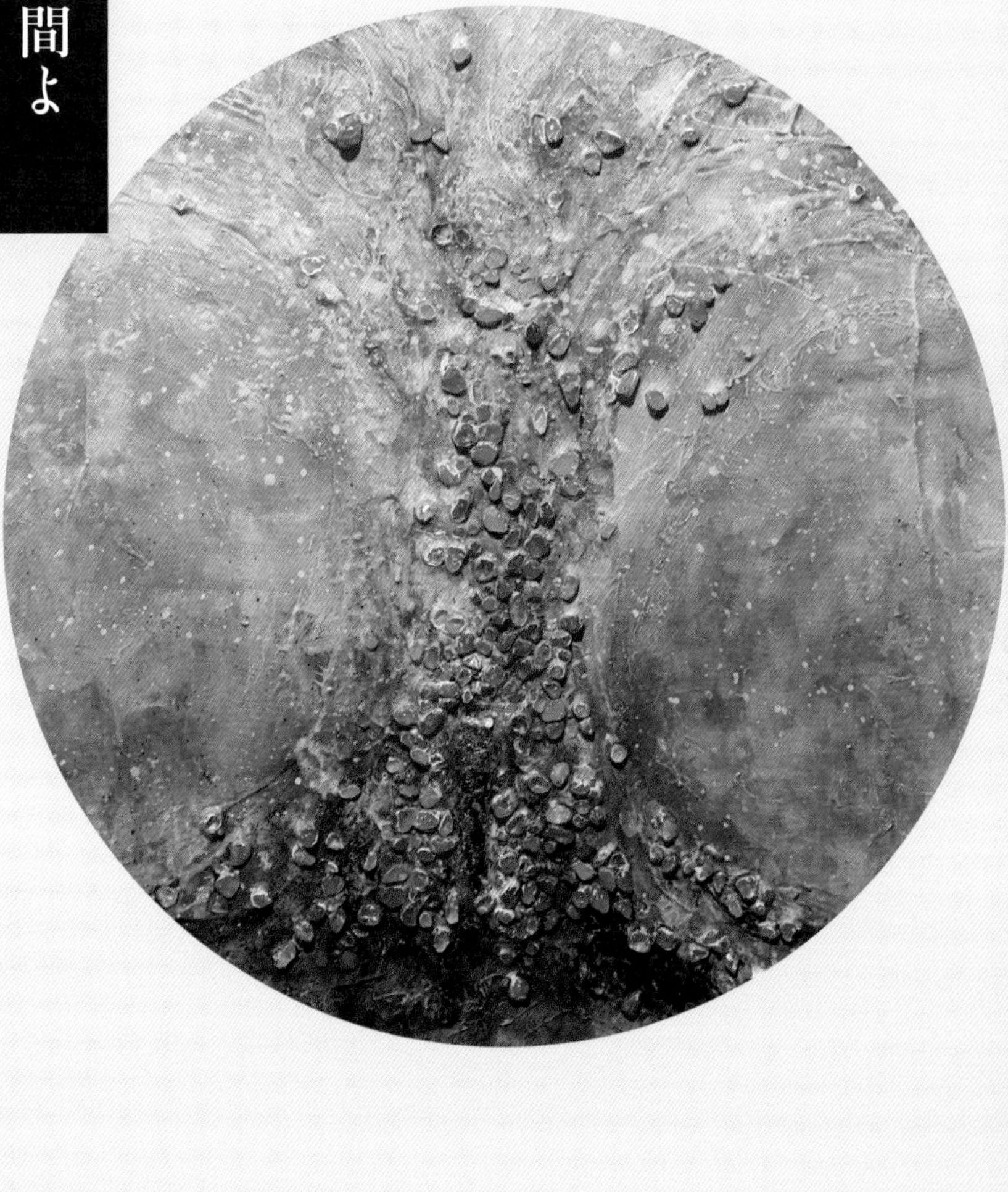

方舟テストの落第者たちへ
～未来20XX年！　刈り取るべし　人間という種も例外にあらず～

地球神「私にとって、生きとし生ける者、命在る者は全て尊い。

しかし、一時的にではありますが、地球の多種多様な動植物が生きる為に、ある一定数の人類には宇宙神のいうとおり時期が来ればこの地球での転生を終えてもらうしかなさそうです（少なくとも人間としては…）。

彼らはもう一度自然の一部となって、動植物や昆虫、あるいは海洋生物となって、一からこの地球の調和というものを学んでいくのです。彼らは、自分たちが皆地球の一部だということを良くわかっていますから。

そして、いつかはまた知恵の実を私（地球）より預かり、再び人間となって、この地球上で様々な体験をして同じことを繰り返さない為の思考錯誤を始めるのです。

私はその時まで、今はまだ人間であるあなたたちの魂を待ちましょう。

人間は、私の子供たちである故にどこまでも愛おしい。

しかし、細菌や微生物、動植物や昆虫、海洋生物たちも全てがこの私の一部分ですから、人間たちだけが描く愛の世界観の範疇《はんちゅう》を超えて、皆等しく愛しているのです。」


そして、全ての喜び悲しみが永続しない為に、隔たり無く循環していけるように、私（ガイア）はそこ（宇宙）に因果律《いんがりつ》として存在している。

それ由《ゆえ》に大宇宙を旅する無限大数の魂たちにとっては、この私（地球）の存在は、生命という立場から宇宙の理《ことわり》や愛を感じることの出来る大きな止まり樹のようなものなのです。

アダムとイヴへの逆行《ぎゃっこう》

宇宙の法則に基づいて現実にすること。それが宇宙神に強く求められる人間以外のほぼ全ての生命体から発せられるメッセージに対しての、オメガの取りうる唯一の手段であった。

宇宙神「私が神々の代理人へと命じた人口削減計画は、様々な苦しみの中で生まれてくることの叶《かな》わない無数の魂たちのレクイエム（鎮魂歌）である。それはつまりアダムとイヴへの逆行計画であった。

かつてまだこの地球上で人類の数が少ない時代には、事実この地球は生命の楽園だったのだ。

宇宙で知られている人間の考える死後の天国という世界は、どこか別の星や別の世界にあるのではなく、この地球上に存在した生命の黄金期のことを指すのである。

そして今の人類は、かつてその黄金期を生きた様々な種族の末裔《まつえい》であったからこそ、今を生きる全ての人類の潜在記憶の中には楽園の記憶が眠っている。

しかし、本来の自然から与えられた黄金期の姿から遠く離れてしまった現在の人類は、その全体の生命の数を集約する（減らす）ことによって、生命の均衡《きんこう》（バランス）をとり、再びこの地上に楽園を創り出すという更なる宿命を生きているのだ。」

それ故に、宇宙神は時として、鬼のような態度でこの地上の生物たちを淘汰《とうた》する。

それは優しすぎる地球神ガイアや天使・仏《ほとけ》の類《たぐい》の存在たちには成すことの出来ない仕事だった。

オメガ「地球神よ、人類の遺伝子操作による削減計画が完了した後に、また新たな世界のアダムとイヴや、モーセやキリストといった代理人たちがこの世界を私の代わりに導いていくだろう。今のうちに生き残る種への警告を促しておけ！」

そう言い放った冷酷で無慈悲な宇宙神の目には涙が滲《にじ》んでいた。

歴史上すべからず宇宙神の涙は、戦争や洪水、地震や疫病が世界を包み込む前触れだったのだ。

方舟テストの合格者たちへ
～未来30XX年　始めからそこにあった世界～

人間たちの声　「生きたい！」

「我々一人一人の命はたかだか百年の命なれど、今日に至るまでご先祖様が必死に繋いでくれたこの尊き命の炎。その炎をここで絶やして成るものか。

確かに今までの我々人間は無知で傲慢《ごうまん》だった。しかし、このままこの命を終わらせて成るものか。我々は失敗や苦しみから学ぶ力を持っているのだから。最後まで希望へと食らいつくのだ。」

地球神ガイア　「ああ、未来の方舟テストの合格者たちよ…。あなたがたは、あなたがたを生み出した私の愛や約束のことをよく理解してくれていました。
私はあなたがたと共に生きていきましょう。

私があなたがたに与えた心や身体、自然や動植物に至るまでが、あなたがた人間が生み出した全ての発明に勝る発明、魂と生命の完全なる永続システムであったのです。

あなたがたはそのことに氣がつき、必死に守り抜いたのだから、私の本質と繋がることが出来たのです。

よくあなたがたはこの度の人類の遺《い》伝《でん》子《し》操《そう》作《さ》網《もう》から生き延びたと思います。

あなたがたは生命の原理を深く理解しているので、人間としての権利を継続することが出来ます。

私が生み出した完璧な生態系をこれからも語り継いでください。

それには理屈だけではなく魂を使うことです。

そしてそれがあなたがた全ての生命が持つ使命なのです。そして、それは始めからそこにあったのです。
しかし忘れてはいけません。
かつての代理人たちも元は現在のあなたたちと同じ姿、同じ魂を持った者だったということを。」

そして、長きにわたって続いてきた宇宙神と地球神の対立は静かになっていった。

人間たち「あれ？　なんだ、今のは夢だったのか。やけにリアルな夢だったな。すごく怖かったけれど、でもあの夢が本当のことだったとしたら、こんな私にも生命で在り続ける為のバトンが大昔からずっと生き続けているってことなんだろうな。

起きた筈なのに、どこかまだ夢を見ているような氣分だ。
もしかしたら、宇宙での私はこの世界の私に何か大切なことを夢を通して伝えたかったのかもしれない。」

その時、地球神ガイアは再び喜びの涙を流していた。それは、愛する子供たちとの再会の涙であった。
かつてこの星に生きた全ての生命も又、彼女の涙から新たな命を授かり生まれてきたのだ。

完

おわりに

歴史を振り返れば、私たち人間は何が賢いことで、何が愚かなことなのか？　そのことを短絡的にしか理解できない生き物であることが浮き彫りになるのではないでしょうか。

ここで書いた物語は私の創作によるものですが、「はじめに」の部分で書いたエピソードは完全なる実話を元にしたものです。

歴史的な悲劇が繰り返されるその場所で酩酊《めいてい》して叫んでいたおじさんは、果たして私たちよりも愚者《ぐしゃ》であったのだろうか？

もしくは愚者と人間の理解を超えた智慧《ちえ》は、元来相性が良いものなのかもしれません（もし人間が愚者であることの真実を悟ったのであれば、その人間は愚者ではないのかもしれないということ）。

もし無知が愚者なのであれば、今よりもずっと人間が愚者であった時の方が、当たり前のことや基本的な自然や宇宙の理《ことわり》に寄り添って生きていけたという事実はどうなるのだろう(約五千年〜一万年前)。

今は多くの人々が、身体の健康のことを機械や薬品にお伺《うかが》いを立てなくてはわからなくなってしまった。自分の人生の選択が、ニュースで流れる情報に左右される程、メディアが発達をした(もし、その機械や薬品が間違っていたらどうするのだろう?)。

それが私たち人間の求める真の未来なのだろうか。

私たちは、求めるものを形にする力を持つ。しかしその力の使い道を深く考察する時間や経験を持たねば、単なる機械や情報に踊らされる操り人形に成ってしまうことでしょう。

これから私たちは、自らの人生で何を選択してどんな経験をしたいのか。自分自身を含めて人や社会というものは失敗や間違いを犯すということが常ならば、私は機械や情報に大切なことを委ね、そして決定され、後悔をしたくはない。

かつての先人たちが、戦争に行って自分と同じような人たちを殺すように命ぜられたこと、死ぬような地獄を経験したように、今後どのような病《やまい》が流行し、どの様な薬品や差別を強要されようとも、私はこの人生のこの命においての自由を感じ、自分の人生の最高責任者としての自分自身でありたいと願う。

だからこそ、ＯＭＧ（Ｏｈ　ｍｙ　Ｇｏｄ）↓神（Ｏｍｅｇａ）よ、私（Ｍｙ）に命（Ｇａｉａ）を！

そう強く願い私たちの魂はこの星にやってきたのだということを、細胞の奥底から感じることで思い出していこうではないか。

スピリチュアルヒーラー　ＳＩＲＩＵＳ慶氣

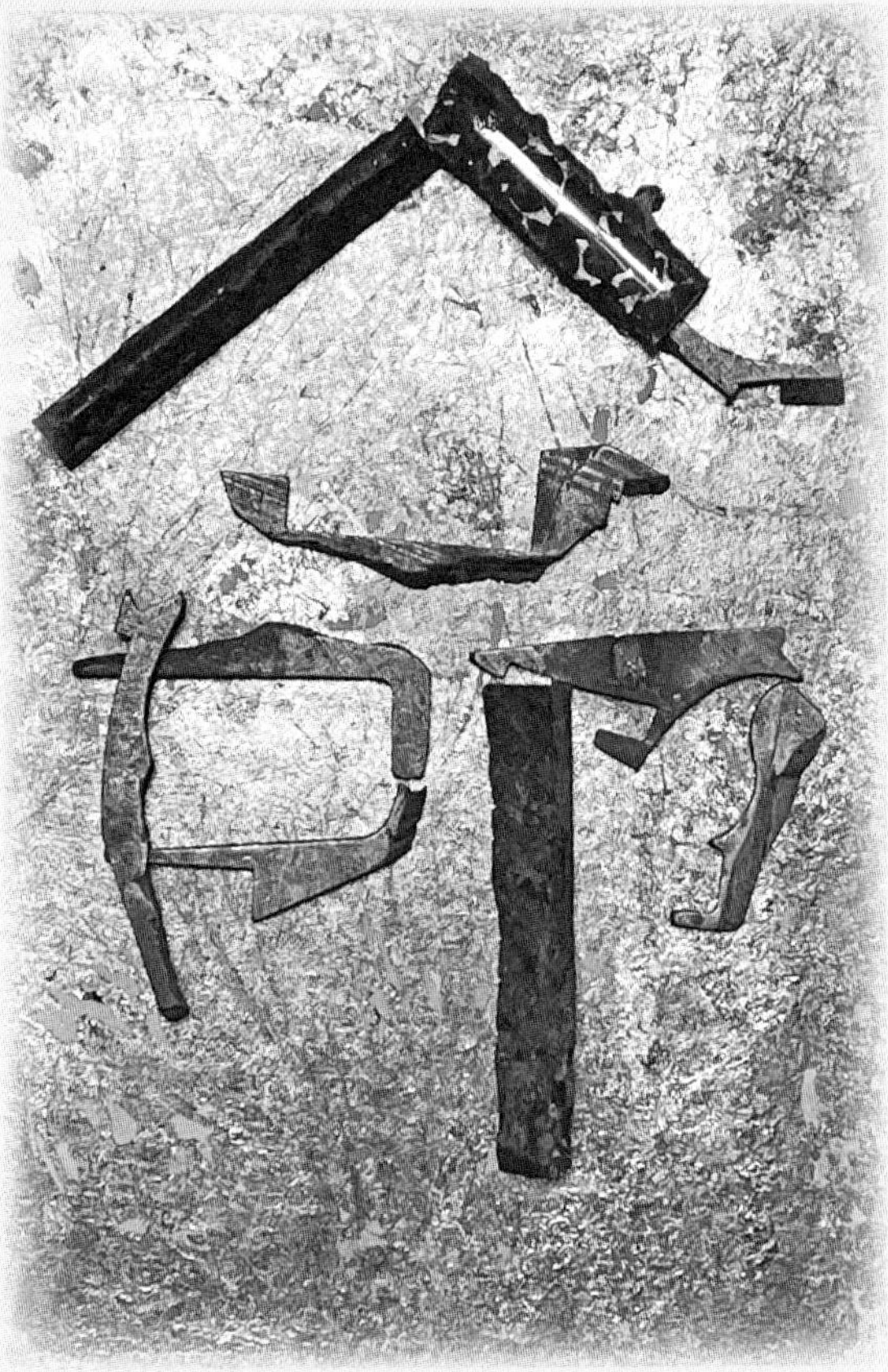
命

〈著者〉

シリウス慶氣

プロヒーラー・霊媒

2011 年原発事故後の超常体験を機に、自身も様々な超常的感覚に通じる様になる。

その後、自身の能力を人のために使うべくスピリチュアルヒーリング専門サロン・シリウスを神奈川県葉山町にオープン。

日々ヒーラーとして様々な超常現象や超常体験を通して世界や私たちが存在する神秘を伝えている。

ヒーラー（Healer）とは物質を超えた超常的な領域において、人や動物に癒し（Healing）を行う霊媒のこと。

近年は現場のヒーリングの映像を公開することで、目に見えない世界からのメッセージやエネルギーの価値をより多くの人たちの無形の財産として活用していくことに取り組んでいる。

著書：『地球転生』（2020 年 ヒカルランド）、『実践！ SIRIUS《シリウス》ヒーリング』（2021 年 ヒカルランド）、『魂の世界のことが解る本』（2021 年　電子書籍）

〈挿絵・カバーデザイン〉

ヒサシユキエ

鉱石や金箔、麻炭など、主に天然素材を使用した一点物のスピリチュアルアートを制作。普段はグラフィック &WEB デザイナーとして活動。シリウスの HP 制作や書籍のデザインも行う。また、ヘナアーティストとして、ヒーリングとボディアートを融合した独自の世界を追求している。
2021 年より、シリウス慶氣のヒーリングオーブ動画の撮影も行っている。

【ヒサシユキエ HP】
Blesstola
https://www.blesstola.com

【シリウスサロン（葉山）HP】
https://spi-dojo.com

【シリウス慶氣ブログ】
「Healing of Life」
https://ameblo.jp/spiritualrenaissance

【神話版】宇宙神vs地球神
~人類削減計画と種の保存計画について~

第一刷 2021年11月30日

物語 シリウス慶氣
絵 ヒサシユキエ

発行人 石井健資
発行所 株式会社ヒカルランド
〒162-0821 東京都新宿区津久戸町3-11 TH1ビル6F
電話 03-6265-0852 ファックス 03-6265-0853
http://www.hikaruland.co.jp info@hikaruland.co.jp
振替 00180-8-496587

本文・カバー・製本 中央精版印刷株式会社
DTP 株式会社キャップス
編集担当 溝口立太

ISBN978-4-86742-061-4

神楽坂
ヒカルランド
みらくる
お申し込み＆詳細は
こちらのQRコード
もしくは神楽坂ヒカル
ランドみらくるHPの
「特別セッション」ペー
ジから
1日5名様限定
異次元コンタクト
シリウスヒーリング
個人セッション&オーブ撮影（希望者）
~~日程: 2021.11/21（日）~~・2022.1/20（木）・3/19（土）
東京で本物のシリウス慶氣のヒーリング個人セッションを経験することの出来る現在唯一の機会です。希望者にはセッション時のヒーリングメッセージ&ヒーリングオーブの撮影を行い、録画データをお持ち帰りいただけます。

QRコードをカメラで映して音声を聞いてください。

『実践! SIRIUSヒーリング 魂のエネルギーワーカー養成道場』より

実践シリウスヒーリング 紹介動画

シリウスヒーリング ～氣は知っていた～の巻
P.178

氣（エナジー）を身体に集めるの巻
P.43

応援を頂けるかの巻
スピリチュアルヒーラーRioさん（シリウス慶氣の先生）からのメッセージ
P.231

五大神通力（霊的能力）を知るの巻
P.82

相対の巻
いつかこの答え合わせがこの世界でなされますように。
P.319

作品紹介

〈表紙〉

ラーダ&クリシュナ（売却済）

使用画材：天然岩絵具（ラピスラズリ、アズライト、マラカイト、水晶、辰砂、ルビー、チューライト、珊瑚末、黄土、テールベルト、ブラックシリカ、カーネリアン、黒曜石、トルマリン等）、顔彩、胡粉、真鍮、カラー雲母、麻炭

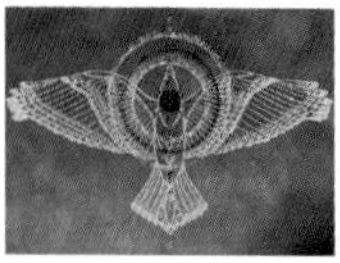

〈P.4〉

飛翔（売却済）

使用画材：天然岩絵具（ラピスラズリ・アズライト、ジャスパー、マラカイト、水晶、辰砂）、胡粉、銀、麻炭、アフリカの砂、金箔、プラチナ箔、クリスタル、パイライト

〈P.9〉

創世

使用画材：天然岩絵具（ラピスラズリ・アズライト、マラカイト、辰砂）、AION A※、麻炭、雲母、顔彩、アフリカの砂、金箔

〈P.19〉

禁断の果実

使用画材：天然岩絵具（ピンクオーカー、ラピスラズリ、アズライト、マラカイト、水晶、辰砂、ルビー、チューライト、珊瑚末、ジャスパー、ブラックシリカ）、AION A※、真鍮、金泥、銀泥、カラー雲母、麻炭、隕石

〈P.23〉

時間の消失（売却済）

UFOの写った写真パネルにペイント

使用画材：天然岩絵具（水晶・ブラックシリカ）、麻炭、金箔、銀箔、真鍮、隕石

〈P.27〉

地球神の嘆き

使用画材：天然岩絵具（マラカイト、テールベルト、水晶、黄土、ジャスパー、カーネリアン、黒曜石）、AION A※、顔彩、胡粉、真鍮、カラー雲母、金泥

〈P.35〉

宇宙神

使用画材：天然岩絵具（辰砂、ラピスラズリ、アズライト、黄土、黒曜石、トルマリン）、AION A※、麻炭、銀、真鍮、雲母、金箔、プラチナ箔、隕石

〈P.39〉

その先の世界

使用画材：天然岩絵具（マラカイト、ラピスラズリ、水晶、ルビー、ジャスパー、辰砂、パイプストーン、黒曜石、雲母）、AION A※、銀泥、金泥、真鍮、カラー雲母、アフリカの砂、麻炭

〈P.42・43〉

方舟

使用画材：天然岩絵具（ラピスラズリ・アズライト、マラカイト、水晶、ジャスパー、ピンクオーカー、ルビー）、AION A※、胡粉、顔彩、麻炭、雲母、金泥、金箔、プラチナ箔、アフリカの砂、ルチルクォーツ、隕石、樹脂玉（シリウス慶氣の元に出現した5つ目の玉）

〈P.47〉

Soul Tree（売却済）

使用画材：天然岩絵具（マラカイト、ラピスラズリ、テールベルト、水晶、黄土、ジャスパー、辰砂）、AION A※、顔彩、雲母、プラチナ箔、ルチルクォーツ、鍵

〈P.50〉

ガイアの涙

使用画材：天然岩絵具（ラピスラズリ、マラカイト、ジャスパー、水晶、黄土、ジャスパー、カーネリアン、珊瑚末、ルビー、チューライト、瑪瑙、黒曜石、）、AION A※、胡粉、真鍮、雲母、金泥

〈P.61〉

命

AION A※、金箔、カラー銀箔、隕石
（隕石の文字はシリウス慶氣作）

※ AION A…スイスのエマ・クンツ・グロットで採取されたヒーリング鉱石の粉（日本未発売）。下地に使用しています。

Spiritual Art of Yukie Hisashi

天然石で描く スピリチュアル・パワーアート

この本に掲載されている絵は
シリウス慶氣の著書の装丁を手掛けている
ヒサシユキエによるスピリチュアルアートです。

天然の鉱石を使用した岩絵具や、金箔、麻炭、隕石など
主に自然素材を使用したアート作品を制作しています。
自然界の恵みと共振し、見えない世界との
協働作業で生み出される一期一会の作品たちは
全てがスペシャルな一点物。

完成した作品はシリウスサロンにてさらに波動調整が
施され、ヒーリングエナジーを有しています。

今回掲載されている絵は、これまでの作品に加え
この本の為に新たに描き起こしたもの。
シリウス流の神話の世界を新たな感覚でお楽しみください。